平凡的結婚生活

林庚璇著

究竟是誰以「安定」作爲婚姻生活的象徵？

婚姻其實是件「不安定」的事才對吧。

1

　我先生名叫元碩,比我大六歲。今年三月,我跟他結婚就滿二十年了。我從沒想過自己會跟同個男人一起生活二十年,我想我們的共同朋友應該也有類似的感覺。畢竟他們聽說我們結婚的消息時,就一直預言我們的婚姻不會維持很久。因為我們的個性與成長背景截然不同,卻在交往三星期之後,便趕在三個月內完成終身大事。

　總之,跟一個男人共度婚姻生活二十年,我想現在我有資格說幾句話了。

2

我仔細思考了「婚姻生活究竟是什麼」這個問題。

對我來說，婚姻是「和跟我合不來的人一起生活」。每一天都會在生活模式、飲食習慣、喜好、習慣與癖好、對冷熱的敏感度、旅行的方式，甚至是性癖好方面驚覺「他怎麼能跟我這麼不一樣?」然後再漸漸變成「怎麼能跟一個和我這麼合不來的人一起生活這麼久?」

合不來並不表示不愛對方。以我們的情況來說，或許那樣的差異才是我們一開始被對方吸引、燃起熊熊愛火並瞬間決定結婚的動機。仔細看看身邊的朋友，便能發現很多彼此不合的夫妻或情侶。神為什麼要將人配對呢?是希望我們懂事一點嗎?

為了讓婚姻生活盡可能維持平衡，我下意識讓自己接受彼此的「不合」，開始更看得開，也訓練自己盡量避開發生衝突的可能。從這點來看，婚姻生活可以說是一種人品修養的訓練。

只是偶爾修養得太過頭，反而會忍不住告訴對方「我這麼做是因為我以為你想這樣！」進而演變成爭吵的火種。就連為配合彼此做出的犧牲與讓步都「不合」時，我只會感到無言，也只能露出無力的苦笑。

3

　　婚姻生活第一天就是從「不合」開始。我們到法國巴黎度十天蜜月，從餐廳選擇就開始不合。直到這時，我才知道老公不吃西式料理。婚前那段短暫的戀愛時期，他一直是忍著「假裝」吃下義大利麵這類的食物。老公想到博物館談論歷史，而我想到美術館品味藝術；我喜歡鬆散悠閒的行程，但他卻喜歡大清早出門在外頭逛到深夜才回飯店，而且還不是搭計程車，是搭公車或地鐵。

　　「蜜月只有一次，有必要這麼急著跑行程嗎？」

　　聽見我的嘟囔，他立刻回答：

　　「就因為蜜月只有一次，才要盡量多跑一點地方啊！」

　　我們還去逛了巴黎郊外的跳蚤市場，雖然各自用心挑了喜歡的東西，但當看見彼此手裡拿的東西時，兩人都愣住了。

在蜜月旅行時，我們仍免不了吵了幾次。

蜜月回來後我們正式同住，生活中面對的眾多「不合」真是不知該從哪說起才好。但即便如此，我們仍能一起生活二十年，是因為沒有發生會影響生活的巨大問題，例如價值的排序、庸俗的程度、對「好人」的定義、政治傾向等。作家兼精神科醫師何志賢醫師曾對我說：

「就算對方有十個缺點，妳仍能一直待在對方身邊，那就表示對方或許有妳平時不會意識到的巨大優點。」

由於一般人都認為「相異之處」就是「缺點」，所以我必須努力區分相異之處與缺點，才能讓自己接受這個想法。

4

　即便如此，我們還是很難客觀評價過去二十年，彼此的人品修養達到什麼程度。不過雖無法甩開「人的本質不會改變」這個想法，但有件事能確定，那就是當我們試著演出「妻子」或「先生」的角色，就能掌握度過每一天的要領。我沒有要批評「演」是種虛假的行為。其實連續劇或小說裡，總有些劇情會寫道，伴侶對彼此坦承並面對沉重的問題，進而加深彼此愛意的段落，不過現實生活總是恰好相反。不多說什麼的成熟，有時反而更能維持關係，貼心為對方所說的謊言，其實也包含了真誠的心意。

「我美嗎？」

　有一次我突然問老公。

「妳的臉不美，但很有魅力。」

　他一邊摸著自己下巴剛長出來的鬍子，一邊看著我說。我對他

的回答很失望，同時又意外開心。他說的話究竟是真是假呢？可能兩者皆是吧。反正從男人的話中找「潛台詞」根本是浪費時間，所以我又問：

「假設某天我犯了重罪，你會要我自首還是幫忙藏匿我？」

聽到這個問題，老公立刻面不改色地回答：

「當然是幫忙藏匿啊。不，應該是要一起逃亡才對。」

我很喜歡他這個直接的答案。
好像在說即使是地獄也願意一同前往。

不過我已經決定如果老公犯下重罪，我要秉持正義，發揮應有的公民意識。

5

我平時就會做很多想像。

例如老公去國外出差時，我腦海中一定會浮現這個畫面：

「喂？請問是○○○的家屬嗎？」

不祥的電話聲響起，接起來發現是醫院或警察局打來的。說不定我會在看見新聞快報時就有預感。

我想像自己因突如其來的墜機意外而承受喪偶的打擊，感受到心如刀割的痛苦與悲傷。而就在我靠著牆不斷乾嘔的同時，也能感到些微的甜蜜。因為至少他的死亡，沒有帶給我一絲絲的虧欠。不過幾天之後，我又接到這樣的電話：

「妳在幹嘛？是我啦，我剛到仁川機場了。」

這時我除了安心之外，還有些許的遺憾。世上每一位太太們心中這些微小的殺意，總能夠讓先生們活得再更長壽一點。

一次我曾經跟他談到人的生老病死。他毫不在意地說出我藏在內心已久，可以說是近乎白日夢的想像。

　　「不要擔心啦，等妳老了、生病了，我會照顧妳的。我會讓妳走的時候不要太難過。」

　　看他這麼認真，應該是認定我絕對會比他早走吧。雖然我有痼疾，平常也是小病不斷，但被一個比自己大六歲的人認定會比較早走，反而讓把「淒涼的寡婦」當成未來志願之一的我感到有些尷尬。不過他這番決心，也讓我隱約感到充實且滿足。

6

　他走路總是抬頭挺胸。

　一次在夕陽時分，我在家附近的地鐵站看到老公。我正要出門去參加晚上的一場演講，而他則剛要回家。

　因一天的工作而疲憊不堪的人們，以及因晚上有約而面露笑容的人們混雜在一起從地鐵站走出來，我一眼認出了人群裡的他。他身後的晚霞色彩越來越濃烈，但他只是埋頭朝目的地（家）前進，絲毫不在乎周圍的情景，所以也沒注意到斜靠在一旁的我。他隱藏在眼鏡後方的視線直接掠過我，那副模樣對我來說實在非常陌生。

　「哇⋯⋯真的是街上隨處可見的大叔耶⋯⋯」

　這是個無法逆轉的赤裸真相。我一直盯著他看，他才終於注意到我的存在。他舉起手來打招呼，開心地對著我笑。那瞬間，他不再是「街上隨處可見的大叔」，我甚至覺得他看起來很帥。

12

7

　我的公婆都已經過世，而我個人最感激他們的部分，是兩人非常愛護自己的兒子。至少在我看來，老公在成長過程中獲得父母相當完整的愛。經濟上雖不到富裕，但他成長過程中卻總是十分「開朗」。也許是因為這樣，他心中那根深蒂固的優越感或自卑感，絲毫不會受他人的視線而動搖，獨處或自己一個人吃飯也不會尷尬或孤單。用英文來說，他就是「just being himself」。

　相較之下，如今的我仍然渴望認同、缺乏愛情且容易嫉妒與不安。這成了我做每一件事情的動機，卻也讓我在回顧過往人生時，發現自己從來不曾「好好地」過安穩日子。安穩只會偶爾出現在熱情與不安之間、痛苦與空虛之間，並很快如海市蜃樓般消失。不，其實感到安穩的時候，我甚至會因為受不了尷尬感而試圖改變現況，讓自己再一次置身不安穩的狀況之中。

有一次我去算命，算命師告訴我說：

「你們這個家庭，只要妳好好努力就好。妳老公跟孩子的人生都很平順，只有妳比較沒辦法定下來。」

看八字時發現，老公在和我的關係之中扮演「守衛」的角色。

「守衛嗎？」

「簡單來說就是下人或男僕。」

　無論風吹雨打，守衛總是必須守在原地，盡自己的使命保護家庭或家中的主人。「保護」就是讓既有的東西「保持」原本的狀態，換句話說就是讓特定的東西以原有的「結構」存在，不會做任何干涉，所以他只會在旁看著為生活汲汲營營的我。不過在聽完這段話之後，我不免覺得有些孤單。

8

　　身邊親近的朋友大多會說我的壞話，反過來稱讚我先生很老實。高中就認識的朋友在賢曾經送禮祝賀我先生找到新工作，並說：

「幫我謝謝他跟妳一起生活，還把妳照顧得很好。幸好他就像個大哥哥，換成是其他人，我看妳現在可能已經離婚三次了吧。」

　　差點脫口問他「是不是找死」的我，念在禮物很貴的份上，沒有對這番言論提出反駁。

「好，我會腳踏實地過生活。」

　　朋友看我翻了個白眼還語帶嘲諷，便開心地再補一槍：

「誰能料到會有個男人願意跟妳一起生活這麼久？真的該頒獎給他，他可是爲我的心靈帶來祥和呢……」

從這個結過兩次婚的傢伙嘴裡聽到這種話，不知爲何很有說服力。

9

老朋友說的話還是很有道理的。

2018年夏天，我們舉辦了爸爸的告別式。我們三兄妹一起迎接前來弔唁的賓客，只有我的賓客幾乎清一色是男性。偏偏這些人都單獨前來，也就讓賓客都是男性這件事變得更引人注目。從這點來看，有些事情我確實不得不承認。我究竟是從什麼時候開始，跟這麼多男性建立起友誼的橋樑？姊夫一邊發出嘖嘖聲一邊問這是什麼情況，哥哥緊皺眉頭，嫂子則調侃我說很受男生歡迎，姊姊無言地翻了個白眼。

其他人說的話我都是左耳進右耳出，卻還是忍不住會看看老公的臉色，沒想到他看起來毫不在意。他忙進忙出一刻不得閒，盡力做好小女婿的工作。直到出殯前一天晚上，他終於開口對翻來覆去始終無法入睡的我說：

「今天有很多妳的客人。」

該來的還是來了。我已經有心理準備。

「有這麼多人來弔唁，看來妳過去還算過得不錯，我都不知道妳人緣
竟然這麼好。」

絲毫沒有任何挖苦、嫉妒或是數落的意思，他是真心讚嘆這件事。

10

不久前，我在地鐵站看見一個婚友社的戶外廣告。廣告裡可以看見一對年輕情侶緊貼在一起，在家中度過幸福時光的模樣。廣告應該是想傳達「即便在這個新冠疫情時代，只要結婚就能跟所愛之人安全膩在家你儂我儂，是件非常好的事。(所以趕快來婚友社諮詢結婚吧!)」的意境。我完全可以想像廣告主大讚公關公司的人，說這真是洞悉時代潮流的絕妙創意。心裡一方面為公關公司的人開心，另一方面又有點不敢直視這個廣告。

畢竟據說被認為是新冠肺炎病毒起源地的中國武漢，在封城之後離婚率增加了百分之三百。

11

老公和女兒在家發懶耍廢，絲毫感覺不到任何痛苦，我卻處在即使生病也不能躺在家，必須整天往外跑的情況。雖然家裡有屬於我的工作室，但我仍有兩、三間經常會在工作時拜訪的咖啡廳。因為我整天待在家會覺得喘不過氣，感覺就像被關起來強迫坐牢。

「在家很舒服、很自在啊。」

老公跟女兒無法理解我。也許比起想擺脫家這個物理空間，我更想擺脫的是每天見面相處的家人，讓自己擁有一段獨處的時光。也可能是擔心我的精力旺盛，如果不在外面充分將精力消耗殆盡，那份精力就會以不好的型態朝家人釋放。我不是那種沒事就待在家，出門只為了辦特定幾件事的人。對我來說，家是整天在外面工作，四處跑來跑去之後，需要休息時才會前往的空間。

「妳回來啦？」

　女兒和爸爸專注看著電視，只是轉頭確認我有進門，完全沒問我去了哪裡、做些什麼。

　光聽他們的聲音，就知道我不在的時候，這兩個宅男宅女一步也沒有踏出家門。三人之中唯一不宅的我為了讓自己透透氣，必須到外面轉一圈回來，才能讓家中維持平衡，得到重獲新生的感覺。

12

　即使殷殷期盼著出門，我們家仍有個不成文的規定。婚姻生活對我來說最神奇的一點，就是「出門時要告知對方」。即使不說要去哪裡、何時回來，但出門的人一定要義務性告知在家的人說「我要出門」。不過其實不發一語直接出門也不會怎麼樣，像我就算是出遠門或出差，也只會在到機場時聯絡一下家人，其他時候幾乎不會有任何聯繫。脫離日常是如此自由，日常生活卻總是綁手綁腳。而除了離開家之外，回到家的時候好像也必須報備。

　「我正在回家路上。」
　「今天晚上有約。」
　「要買什麼回去？」

　這是維持我們這個家的不成文默契。

「好想自由。」

老公躺在床上背對著我，當我靠著他的背自言自語般地說出這句話時，他突然轉過頭來看著我，露出尷尬的表情，好像是在問我還要多自由？！

我問他跟我結婚後最棒的是什麼，他說：

「跟妳一起生活不會無聊。」

他說。

14

　「家」這個場所帶給我最難受的點之一，就是必須看見老公衣不蔽體的樣子。老公屬於燥熱體質，大多時間都只穿一件內褲。他只要回到家就會立刻把衣服脫光，而看著他這樣在家中穿梭的模樣，會讓我所剩無幾的性慾徹底消失。

　不過即使我看那個樣子不順眼，這種「自然」的狀態似乎仍讓他感到很幸福。家是必須讓所有住在裡面的成員都感到自在的空間，應該不去干涉對方，以對方的幸福為優先才對，所以我不能因為看了不順眼就強迫他穿衣服。而且能夠在這個暖氣不太靈光的老舊公寓裡，一年四季都不穿上衣躺在客廳地板上睡覺，就是他像頭野豬一樣健康的證明。過去二十年來，老公不穿衣服的時間比穿衣服的時間多，他這副模樣我也看了很久，所以他不穿衣服的時間並不代表我們花在性生活上的時間。

15

　對服裝很有興趣的我，雖然渴望享受用我喜歡的穿衣風格打扮老公的樂趣，卻始終無法如願。傑尼亞 (Ermenegildo Zegna) 那件材質柔軟，剪裁端莊大方的海軍藍粗呢大衣，掛在衣櫃裡好幾年都沒拿出來穿。而他經常穿的衣服，則是我去旅行時買回來送給他的紀念短袖T恤。那些衣服上大多印有里斯本纜車、倫敦的哈利波特標誌等等。我想，可以盡情送衣服給另一半，已經是配偶的特權了，那一刻起，我決定妥協。(但他的「眼鏡框」我就會強力介入。)

　不過我仍沒有放棄，偶爾還是會買老公應該不會穿的衣服，或是比較安全的「觀光景點紀念T」，至於老公則是再也不會送我任何「物品」。那大概也是因為我，害得現在我有點後悔。

　剛結婚那幾年，老公每次到國外出差(通常是為了採訪體育競賽)，都會帶點伴手禮回來，每次我都會評論他送的禮物，或委婉說明我的喜好。雖然我嘗試「單純」以具體的方式描述個人喜好，

但那似乎只是我單方面的認知。類似的事情重複過幾次後，他開始

為了不讓我失望而不主動買任何禮物，除非我有主動提出要求。至於我們的紀念日，他則會直接給現金。

反正他的錢就是我的錢、是我們的錢，他選擇這麼做，我也不必再為那些雖不是名牌但也不廉價，我根本不會拿來用，而且品質還有些尷尬的皮革包包、會在百貨公司「女性精品」樓層看到的絎縫外套，以及在機場免稅店銷售人員話術之下買的肥皂組煩惱。完全不必再把不需要或不喜歡的東西留在身邊。我是個不輸近藤麻理惠的極簡主義者，在實用性與物品是否經濟實惠這兩點上的喜好非常明確。仔細想想，我已經幫他減輕必須送老婆禮物的負擔，成為一個不會給他太多壓力，「不需要特別關照」的老婆。從結果來看，我付出的努力只有在減少他對我的關注這一點上獲得回報。

不過也多虧了這一點，我們之間曾經發生非常可怕的事。

有一次，我生日當天早上老公早早就要去上班，他把還在睡夢中的我搖醒，對我說：

「生日快樂，我出門了。」

　　他把裝了錢的信封袋放在我的枕頭邊，但不知是床鋪太低還是他的力道太大，他更像是把信封「丟在」而不是「放在」枕頭邊。瞬間我們都愣住了，接著又同時爆笑出聲。

16

　　談戀愛時，我只收過一次他送的聖誕禮物，原因是我們只以情侶的身分共度過一個冬天。我們在某個滿是華美聖誕燈飾的城市裡碰面，他帶我到百貨公司去挑禮物。當時我們去的地方是女性內衣專櫃，害我瞬間臉都紅了。

　　我出了二十幾本書，從來沒在我的書裡直接提到過內衣兩個字，甚至不會把這兩個字說出口。雖然個性大喇喇的我總是口無遮攔，奇怪的是卻會在這種地方感到難為情，身邊的人都看不慣這點。總之，他一手緊緊牽著我，並很認真地挑選內衣。最後選了一套以黑色蕾絲製成，卻絲毫看不出有任何支撐或保護等功能的褲內和罩胸[1]給我。

　　「怎麼樣？」

　　因為這層樓沒有其他客人，所以連其他內衣品牌的店員也都在

[1]編按：此處是作者刻意寫反。

注意我們，還一邊露出「嘿嘿嘿」的微笑。我猶豫不決且不知如何是好，最後是一名年紀足以當我媽媽的店員靠過來幫忙。

「有很多尺寸，您可以試穿看看。」

這套內衣褲的布料加起來只有手掌這麼大，竟然要我在這裡試穿？

「對，沒錯，一定要試穿看看。」

我被推進試衣間。

不知老公當時是不是透過布簾能夠稍稍看到裡面，還是他根本也進到試衣間裡了，我真的不太記得細節，總之最後我們決定要買一開始挑的那件(我實在無法想像讓其他人買走自己試穿過的貼身衣物)。不過我倒是很清楚地記得，自己當下非常希望老公(當時的男友)買給我當聖誕禮物的那一小塊布料，可以被裝在過度包裝的購物袋裡，讓我們快點離開現場。

經過百貨公司門口的旋轉門走到戶外，我才感覺燥熱的雙頰因隆冬的冰冷空氣逐漸降溫。

　　不過這也只是暫時的。那天晚上，也就是我們共度的那個聖誕夜，到底要不要把這塊他送我的布料穿在身上，又讓我頭暈了好一陣子。

17

我只問過一次他以前女友的事情。

我知道他的戀愛經驗，其實就跟一般三十多歲的中壯年男性差不多。他交往的對象大多從事非常要求外表的職業，不過大半都無法引起我的興趣。眾多前女友中，特別吸引我注意的只有一位，而我注意她的原因有兩個：一是她在隸屬國家的情報機關工作，交往期間只要亮出她的名字，幾乎無人不知無人不曉。

我有一個很熟的女性後輩跟她從事類似的職業。當然，那位後輩因為公司規定，從不曾跟我說過她在哪個部門、負責那些事務。有一次她輕描淡寫地說：

「姐，如果妳這輩子真的遇到一個讓妳很生氣的人，希望可以好好教訓教訓他的話，就把對方的名字告訴我。」

雖然她的語氣一派輕鬆，但眼神卻非常認真。我很想深入追問她要怎麼處置，但總覺得問了好像會讓她很困擾，而且我也會捲

入麻煩中，還是決定放棄。不過可惜的是，在使用那張唯一的機會卡之前，那名後輩就與她所有的秘密一起，像煙霧一樣在我面前消失得無影無蹤。

另一個原因則是他們兩個交往七年，（以我的標準來看可以說交往了非常久）而且還是從學生時期一直到出社會之後。到底怎麼有辦法跟同一個人談戀愛七年？我覺得這比二十年的婚姻生活要更困難。而且通常交往這麼久，大多都會步入禮堂才對。

「你們為什麼沒結婚？」

我忘了自己現在的身分，語帶指責地追問。

「我本來就不打算結婚啊。」

老公一直主張他是單身主義者。

「但都交往這麼久了，以女友的立場來看，她不會想結婚嗎？」

「我一開始就說過我沒有要結婚。」

　　因為他交往七年仍貫徹自己的信念，所以女方才會主動提分手。好，在這邊先等一下，這不就是我小說裡出現過的「把選擇權讓給女方，假裝自己很貼心，但其實自己不做任何決定，逃避責任的可惡男人」嗎？

　　而我接下來的問題，當然是「那為什麼跟我交往三星期就決定結婚」。我真的很好奇，又覺得這問題一不小心會讓人感覺太自命不凡，而且又有點壞心，所以我決定不問。畢竟如果他滿口「因為我愛妳愛到願意打破原則」、「因為妳太有魅力」的話，那我可能會真的開始討厭他。考慮到我是他第一個介紹給父母認識的女人，我想單身主義者這件事應該不是隨口說說。根據從他前女友那裡聽來的狀況，以及我的後輩所描述的工作情況來看，她們說不定只要下定決心，就能想辦法修理一下韓國的哪個誰，而這傢伙竟

能平安無事地活到現在，我想他們交往的那七年裡，老公應該沒有太惹人厭才對。

　　一段時間之後，我意外地想通「爲什麼跟我交往僅僅三星期就求婚」這件事。我的推論分成兩階段，非常簡單明瞭。

1) 當時我有以結婚爲前提交往的對象，他在心理上很有壓力，必須盡快做出決定。
2) 交往三星期就決定結婚，所以我們才能結婚。

　　如果要我解釋一下這個兩個推論—

1) 只要不存在任何障礙，我們的戀愛進度可能會慢慢來。

2) 如果慢慢戀愛，可能會交往不到三個月，就因為各方面都「合不來」而分手。(詳細的原因可以參考本書前面的「個性不和與性格修養」故事。).

結婚？

再投胎一次也不會走到這個結局。

這根本是緣分跟命運的玩笑。

18

　人到了四十幾歲之後，再跟二十幾歲時的朋友見面，偶爾會因為對方的外貌改變而大吃一驚（雙方都會嚇到）。如果在國家情報機關工作的那位前女友，與現在的老公見面，應該會大吃……不，說不定會根本認不出來。夫妻不得不生活在一起，像照鏡子一樣天天面對彼此，也因此不容易察覺彼此的改變。對配偶的外表變得毫無感覺是必然的結果，所以老婆換髮型老公沒注意到，就也不是什麼新鮮事。

　老公除了年紀漸長之外，還附送了腹部贅肉和掉髮。不過並非所有跟他同齡的男性都像他這樣。我有幾個跟老公年紀相仿的（男性）朋友，他們就沒有胖也沒有掉髮。相反地，我老公則是兩項都中了。根據沒有證實的謠言，掉髮和腹部贅肉之中，掉髮是較容易讓男性困擾的問題，而我老公似乎也特別厭惡掉髮這件事。要我來說，我對這兩件事都沒什麼特別不滿，只是在外面看見髮量稀少和肥胖的男子，會變得對他們比較寬容而已。

如果拍下老公的背影，可以輕易從照片中發現他頭頂稀疏，很容易就能看見後腦勺，這件事也令他大受打擊。我不是故意拍照片來欺負他，畢竟頭髮這東西本就很容易改變。例如長時間壓著後腦勺，頭髮就會自動分成幾撮，讓原本髮量稀疏的地方看起來更禿。不過洗完澡後讓頭髮自然乾燥，頭髮反而會變得很乖巧，一根一根充滿活力地蓋住那些髮量較少的地方。

「英國威廉王子也是禿頭啊，你放棄吧。」

未來要成為大英帝國國王的男人，面對禿頭也是束手無策

「你來這邊躺下。」

我拿著挖耳棒、棉花棒和小剪刀等工具坐在沙發上，要他把那顆看起來有些淒涼的頭靠在我的膝蓋上。那面積超大的肚子不曉得有多重，他側躺下來後，肚子上的贅肉就像火山岩漿一樣緩緩流下。無論如何，我還是繼續做自己該做的事。

幫他修剪耳朵裡的雜毛，再清一清耳朵，然後呼、呼朝裡面吹兩下。分毫不差地爲他修剪耳毛，且小心翼翼不弄傷他，無論用棉花棒挖出什麼都不嫌髒。然後再挖一次，再呼、呼吹兩下。第二次是額外贈送的服務，讓老公躺在我的膝蓋上慢慢放鬆，暫時遺忘掉髮的哀傷，讓他像剛參加完結業典禮衝進家門的少年一樣，開心地閉上眼。

19

　即使必須與掉髮和腹部贅肉為伍，但除此之外他就像我前面說的一樣，壯得像頭野豬。就算說他是我認識的人當中最健康的，也絲毫不為過。認識他以來他從沒進過醫院，也不曾住院或動手術（對，連小手術都沒有），更沒有因過勞去打點滴、沒吃過補藥，也幾乎沒看他得過感冒。即使真的感冒了也不吃感冒藥，總是病個一、兩天就沒事了。他這麼健康確實讓我在各方面都很感激，但我生病時他無法同理，卻也讓我感到有些悲傷。

　他沒有任何生病的紀錄，便成了買保險時最有利的條件之一，偏偏他沒有買任何癌症保險或壽險。這一方面與家族病史及人生觀有關，一方面也是因為公婆都沒有買保險，而他討厭麻煩跟複雜的事，且完全不相信他人口中的「穩定」與「保障」。

　不過，真正讓他不買保險的關鍵，在於一個壽險電視廣告。廣告內容大綱如下：

「我拿到了十億。」

這句廣告文案吸引了社會的關注。廣告的主角，是一名因爲突然喪夫，還沒有從悲傷中走出來的美麗未亡人。她且必須獨自扶養一個年幼的孩子，對前途感到一片茫然與絕望。這時一名年輕帥氣的男性保險規劃師來到這名未亡人面前，要她別擔心未來的事。接著畫面一轉，那名美麗的未亡人與帥氣的保險規劃師顯得更加親近，所有難題瞬間迎刃而解，兩人相視而笑……

「什麼啊？他們兩個在一起喔？是不是他們串通起來把老公害死，再僞裝成意外詐領保險金啊？」

雖然我噗嗤一聲笑出來並附和他，但身旁的老公臉色卻十分陰沉。之後每次只要看到這個廣告，他都會很不開心。看他這個樣子，我想我必須要拚命工作養活自己了。

20

　我在想，我會成為作家，或許受到老公很大的影響。跟我一起生活的人非常喜歡書這點，確實是個無法忽視的條件。我的習慣是書讀完後，只會留下少數幾本，剩下的都會處理掉，而老公則會把所有書都留下來，所以我們家書櫃上的書大部分都屬於他。他跟我不一樣，是「無法輕易丟棄東西」的類型。

　雖然老公的外表看起來，絕對不像會宅在家裡，而是一有空就會出門爬山、釣魚、露營的戶外運動狂熱者，但其實他很愛窩在客廳沙發上看書。我們短暫交往的那段時間，如果約在下班後見面，我也能發現先到咖啡廳的他總是在讀書。如果是我先到咖啡廳，則會看到腋下夾著一本書的他匆忙跑進店裡。老實說，我本來以為那是一種「人設」，沒想到現在他外出時還是會帶著一本書。下了地鐵到等社區公車的零碎時間、我去醫院做核磁共振檢查的時間，他都會用來讀書。也許是因為我住在一個滿是書的房子裡，而且身邊有個書不離身的男人，所以我也自然地跨足出版業，並一直從事這份工作到現在。

也因爲作家是我的工作，所以我實在無法要他別再繼續買書。

　　我是說眞的，老公眞的買了很多書。不僅會透過網路書店、美國和日本的亞馬遜書店、阿拉丁二手書城等通路消費，甚至會在假日像小學生一樣背著背包去逛東大門二手書街。在束草經營「東亞書店」這間老書店的金英健老闆，曾經在社群平台上看見我們家客廳的書櫃。他吃驚地告訴我說：「你們家蒐藏的漫威英雄系列作品比我們書店還多」。幸好搬到光化門附近之後，就因爲家附近有公立圖書館，而讓家中的書沒有再無止盡增加。老公總是連我的借閱卡一起拿去，一口氣把兩人的借閱額度用完，還差點把帶去裝書的環保袋撐破。

　　就趁這個機會，來看看老公都借些什麼書吧。

- 26天的光復：1945年8月15日－9月9日，決定今日韓半島命運的時間
- 鄭道傳：李炳注長篇小說
- 觀察儒生、武士社會

- 怪物在我們鬆懈時甦醒了：政治宅李作家直白的觀察與吐槽
- 告白的人們：從自傳和履歷看北韓的解放與革命，1945～1950
- 吉姆·莫里森：Light My Fire
- 獨立革命家金元鳳
- 運動溝通
- 深夜食堂精華
- 左派文學權勢三人幫：白樂晴、李泳禧、趙廷來批評
- K-POP的故鄉，東豆川

以前我還會想「到底都是誰在買這種書」，結婚後這個問題便迎刃而解。我也決定樂觀思考，幸好老公的興趣不是相機或音響，而是「書」。

最近他似乎注意到網路二手書店上提供的拍賣功能。偶爾家裡會出現一些奇怪的宅配箱，上頭絕對都是寫著他的名字。也不知道他到底有什麼好遮掩的，總是躲到我看不見的地方開箱。說不定他是躲起來感受用拇指和食指翻過書頁的感覺，然後再把臉埋

進書頁之間嗅聞味道，最後把這些書塞進書櫃的縫隙裡，假裝自
己不曾買過新書。

　　偶爾會遇到有人驚訝地跟我說：「天啊，您結婚啦？」他們很驚訝我有小孩，而「結婚是現在進行式」這點更讓他們吃驚。我想是因爲從我在文章或節目中的語氣，絲毫感覺不出「家庭」和「生活」這兩個元素。

　　人們一旦得知我長時間與一名男性維持婚姻生活，通常會問：

「您的先生讀了您寫的書之後……有說什麼嗎？」

　　人們之所以這麼問，是因爲我會在書中提及過去的戀愛史，也會提到現在的 (男性)朋友，也曾經以已婚女子和其他男性墜入情網爲題材寫過小說。

「老公不看我寫的書。他只看過《和媽媽戀愛時》，還有《深情的援助》。」

雖然其他人都不相信我說的話，但我相信老公的話。而且如果寫作時還要在意配偶會不會讀自己寫的東西，那乾脆不要當作家比較好。

　　不，在探討配偶到底看不看我寫的文章之前，其實就算我身邊有個名為老公的存在，還是可以寫這些會讓人們疑惑「可以讓您的先生看嗎」的書和文章，畢竟那些不是因為在意他的觀感而差點無法誕生的文章，而是最後促使他出現的文章。

22

　在寫以愛情為題材的小說時，我必須盡可能離開家。無論是在生理上還是心理上，我都要離開老公和孩子，離開家庭與生活的一切。

　寫書期間和家人在一起時，我會變得只剩下一具空殼，否則我會無法在小說世界裡過上一年。寫小說時，我的靈魂會不得已被小說的世界占據。但即使只剩下一具空殼，我還是會努力借助慣性力量，盡可能讓身體有效扮演在家庭中應該扮演的角色。雖然我偶爾會連這點努力都不想做。

　老公在他自己的Facebook上，寫了一段文字介紹我的新書，我也讀了那段內容。

　「老婆的新小說出版了。（中略）我從來不曾讀過她寫的小說。包括散文在內，她出版了二十幾本書，而我只讀過其中的兩本，因為那兩本書的主要角色是我們的女兒。她已經出版了第五本小說，我想她應該還是有幾位忠實書迷的。希望老婆可以健健康

康，一直創作下去。因為她忙著寫新書的時候，我也會覺得比較輕鬆。」

最後一句話，是只有作家的老公才能說的，一句宛如報復老婆作為的話。我有時候也會感同身受地說，希望他老婆可以是個聽話且不那麼敏感的人。

23

　我決定在家養盆栽，是爲了強迫自己忍住養寵物的衝動。雖然很想養貓，但女兒對貓嚴重過敏，而過去我有十年的養狗經驗，也深知這件事雖然快樂，卻也非常麻煩。而且我是個不太能待在家的人，且事業心仍然很強，養育一個生命雖能讓人感到幸福滿足，但本質上仍需要認眞看待。

　本來抱持這種想法的我，某天突然開始定期搜尋「#領養流浪狗」、「#流浪狗領養公告」等關鍵字，幾個月後也眞的看中了一隻狗。那隻狗住在收容所裡，即將被安樂死。我先去找躺在客廳沙發上看書的老公，小心翼翼地詢問我們能不能當中途之家，暫時安置那隻狗。我很清楚老公不願意再養寵物，所以我選擇用極度不在意的語氣提問。他回答說「我個人不贊成，但妳問問女兒再決定吧」。我有些心動，心想明天就能去把那隻我看上的孩子帶回來。

但沒想到，在房間裡寫功課的女兒，只是隨便看了一眼狗的照片便投下反對票。她以前還主動纏著我說想養狗呢！大受打擊的我只能默默進房，倒臥在床上。

老公似乎發現了我不對勁，稍後便跟到臥房來查看我的動靜。

「幹嘛啦……妳幹嘛哭？」

用棉被蓋住頭的我轉過身去，蜷縮成一團背對著他，而且還哭得更凶了。他總是能很快注意到我要哭了的徵兆，而且會在我哭的時候擔心並主動安慰我。老公貼著我的背躺下，哈哈笑著說：

「妳真的是作家。」

有時候我覺得，為了一些微不足道的小事而哭的我，真的是個很神奇的人。

「妳就是情感這麼豐富，所以才會當作家吧。」

那天，我第一次正式聽見老公承認我是名作家。

24

　老公一直有個夢想，就是當書店老闆，其實這也是眾多愛書人共同的夢想。不過了解出版界真實情況及書店老闆生活現況的我，深知書店老闆這份工作有多麼困難。所以只要老公說出「我們要不要開間書店」、「反正都買了這麼多書……」之類的話，我都會默默笑著帶過。後來他辭去二十多年的報社工作，開始找下一份工作，同時也開始認真思考開書店的可能性，而我也無法再像以前那樣一笑置之了。

　我把為了因應這種狀況而事先買好，由BROADCALLY編輯部出版的《經營不超過三年的首爾書店：如果你想知道能不能靠賣書餬口》、《經營不超過三年的首爾書店：老實說你真的覺得書賣得出去嗎？》以及大量收錄獨立書店倒閉案例，由宋恩廷作家撰寫的《今天，我要收掉這間書店》等書拿給他。聽說了我們家的狀況之後，在濟州水山里經營「無事書店」的老闆Yozoh也挽起袖子說：「姐，如果真的不行，我會去阻止姐夫的。」

即便我怎麼苦口婆心地勸他說，自古以來書店就不是「沒有客人的時候可以悠閒地看書」的地方，而且有很多瑣碎的事情要處理，有時一天甚至賣不到一本書。再加上出版業非常不景氣，絲毫沒有起死回生的跡象，經營書店說不定根本賺不到錢還得倒貼，但都沒有用。對愛書人來說，經營書店是「就算會失敗，仍要嘗試一次再讓它失敗」的事情。在一個人內心積累已久的熱情面前，理性且合乎邏輯的理由根本無用武之地。

　　我只能死了勸退他的這條心。

「好吧，你如果真的這麼想經營書店那就去吧。不過你要是開書店，那我最好還是離開出版界。作家的老公經營書店這件事，實在是不符合我的價值觀。」

　　無論怎麼勸，我都無法阻止老公的夢想……如果要尊重他，那我也確實不能阻止他……不過開書店總比他說要去創業什麼的好多了吧……話說回來，書店開幕後宣傳也是我的工作耶！一個又一個

的想法接連在腦海中浮現，最後是老公一刀切斷我想像的連結。

「是喔？那以後等妳哪天不寫作了再開吧。」

　狀況結束(Case Closed).
………
　奇怪，之前我找了那麼多理由和資料想阻止他，他根本都當耳邊風！真是讓人鬆了一口氣。

　前面我已經說過了，我會成為作家，其實隱隱約約受到老公很大的影響，而在讓我堅持以作家的身分努力下去這件事上，他也有顯著的功勞。

25

　跟老公初次相遇時，我還不是作家。他是體育報社的記者，而我是任職於資訊創投公司的上班族。我會喜歡上他，是受到職業的影響嗎？完全不是。我看一個男人從不計較條件。至於究竟多麼不計較……嗯，我覺得不要說比較好。總之，真要說的話，就是我的工作有很多機會能接觸到記者，可以說是非常厭倦記者這一類人，所以「以記者來說他還算不錯」反而成了吸引我的契機。

　雖然他的主要工作是體育新聞，不過跟我相遇時他隸屬演藝新聞部門。偶爾藝人緋聞爆發時，他會要去女演員家門口喬裝採訪，我也很熱衷於聽他講這些不為人知的採訪故事。但當他從戀愛對象變成結婚對象之後，他的職業瞬間成為娘家家人的「研究對象」。因為我，家人這輩子第一次買「體育報紙」來看，還仔細尋找他寫的報導被刊登在哪裡。我回家通報「我要跟這個男人結婚」時，我甚至都還不知道結婚對象的父母從事什麼職業、住在哪個社區、有幾個兄弟姊妹、畢業於哪所大學、家裡有沒有錢等資訊。家人也知道向我追問這些不會有答案，所以他們只能退而求其次，選擇研究我的結婚對象。

家人翻遍那天的體育報紙後，找到唯一一篇由老公撰寫，以〈本週推薦影片〉為題的新聞。偏偏推薦的三支影片當中，掛上超大「強力推薦」字樣的剛好是成人電影。我那個一輩子都陪在公務員老公身邊的媽媽，瞬間口吐白沫暈倒在地。

　　那之後過了二十年，當年雙眼冒火丟報紙洩憤的媽媽，在我們結婚後兩年便去世了，無緣得知小女兒的女婿如今已經跟她的老公一樣，順利成為一位公務員。過去留著一嘴土匪鬍鬚的他，如今每到星期日下午就會把鬍鬚刮得乾乾淨淨。他會穿著T恤、牛仔褲搭運動鞋到處溜搭，到了上班日又穿上無色無臭的乾淨襯衫與西裝，清晨便出門工作。

26

　人生在世，能夠一次見到一群熟人的機會其實意外的少。從這點來看，我非常享受婚禮這個活動。也唯有在那天，大家都會對我更熱情、更親切。

　人一生中，可以像婚禮這樣讓我喜歡的人齊聚一堂的活動，包括（有小孩的話）小孩的周歲宴、父母親的喪禮、（有小孩的話）小孩的結婚典禮以及自己的喪禮。但小孩的周歲宴時主角是周歲的孩子，特地去露臉實在有夠麻煩，父母親的喪禮也實在不是個開心得起來的場合。至於小孩的結婚典禮嘛，則無法保證自己真能活到那時候，而且當下比起開心，應該還是更感覺孤單吧？最後則是自己的喪禮……不過那之後會發生什麼事，其實也跟我無關。

　結婚典禮上最讓我開心的，是主持人（那天的他是第一次擔任主持人）講話真的非常好笑，拿著捧花站在前面的我，雙肩為了忍笑而止不住地抖動。賓客們從後面看著我，都誤以為是新娘沒有忍住而哭了出來。一般來說，大家都會在「要感謝養育我至今的父母……」時哽咽落淚。雖然我平時就很愛哭，不過因為已經跟父母分開生活

了好一段時間，沒有「要離開家」的感覺，所以並不覺得難過。反而是有種「這種愉快的活動未來可以多辦幾次」的心情，典禮過程中一直面帶笑容。

　　真正哭的則另有其人。老公的國高中同學說，「岳父」（當時六十歲）在結婚典禮結束後，便獨自走到停車場去躲起來哭。看來我很愛哭這件事，都是因爲遺傳。

27

　交往不到三個月就結婚，以至於身邊的人總在問同樣的問題，所以我們乾脆就把整件事的始末做成八頁的小冊子，當成喜帖發放給親友。裡面寫了老公跟我相遇的情況，以及我被求婚那天的情景。

　重新閱讀那本小冊子，發現人要結婚果然不能太清醒。雖然很羞恥，但我還是決定公開。

屬於我們的故事

初次見到庚琁，是一年前在三成洞附近一間氣氛不錯的咖啡廳。

那是正積極展開宣傳行銷以打響名號的拍賣網站WaaWaa所舉辦的派對。受邀參加的我，跟朋友一起坐在咖啡廳二樓，隔岸觀火似地看著一樓瘋狂（?）的派對現場。這時，一名穿著性感洋裝、頂著花俏髮型，看似掌控全場的女子吸引我的注意。她就是主辦這場派對，人稱WaaWaa夫人的林夫人。

因爲早就聽過她的大名，所以我腦海中瞬間閃過「眞是名不虛傳，究竟誰能承受得了這種女人？眞是了不起的傢伙」的想法。

第一次跟庚琁說話，是那年夏天在弘大前的事。

我們五、六人爲了聯絡感情，試著約出來見面，後來又一起吃晚餐、喝了杯調酒。我和坐在我對面的庚琁似乎沒有像一般人初次見面一樣，互相交換名片，分享一些無法給出什麼像樣回答的對話。

也許是因爲這個聚會的目的跟工作有關，所以大家都醉翁之意不在酒吧。

偶然成爲命運

眞正認識庚琁，是即將進入冬天的11月20日。

那是在小公洞的一間日式餐廳。夏天召集那次聚會的一名職場前輩，又約了這次的晚餐聚會。當然，這次的聚會跟工作無關，就是爲了玩而約的。

庚琁再度偶然坐到我面前。時隔多個月再次見面，我都快忘了她的臉，於是便犯下第二次遞名片給她的失誤。

看著庚琁翻了個白眼，我心頭一沉。爲了挽回我的錯誤，我開始隨口說些「妳變得太漂亮了，害我認不出來」之類的稱讚，這也讓我誤以爲那瞬間我們感情似乎變好了。從那一刻起，我們就開始覺得彼此是命中註定的伴侶，所以也不需要花太長時間交往。

這就是所謂的世事難料。誰會知道那個了不起的傢伙竟然就是我……

（讚！沒答應去聯誼是太好了，呵呵……）

（哥哥，她就是林庚琁！）

（夫人！）

（哇～好美喔）

WAAWAA PARTY

※ 當時我是行銷的統籌，假扮成客戶交流部門的負責人，應對說話口不擇言的老客人，主理一個叫做網路人生諮商的專欄。我是因爲「工作所需」所以才扮成那樣的。

12月10日……雖然才剛入冬，但那天眞的非常冷。雙手凍僵的我要去見他，竟感到特別害羞。因爲前一天晚上，我才跟媽媽宣布「**我有喜歡的男人了**」。

點好晚餐後在他對面坐下來，開始報告前一天晚上跟媽媽宣布這件事的情況。但不知爲何，他的第一句話是「這眞讓人慌張」。我想也是，畢竟我們交往才第三個星期。

太過深愛對方

一陣尷尬的沉默瀰漫開來，我的表情變得十分扭曲，完全不敢抬起頭來。

漫長的沉默之後，他終於開口說「妳可能會不喜歡聽這些話……」而我不由自主地用「你什麼都別說，拜託別說」來阻止他說下去。我不知不覺地哭了起來。

因爲已經二十九歲的我，一直以來聽過太多類似的開場白，後面大部分是接「不要操之過急」或「希望交往不要有壓力」之類的話。我感到一陣頭暈，不知爲何又有些傷心，而他不知該拿哭個不停的我如何是好，只能一直看著我。

「**妳爲什麼要哭？**妳知道我要說什麼嗎？」直到這個時候，做好受傷準備的我才抬起頭來對他說：「你會是要說什麼？這不是很明白嗎？」他深吸一口氣

說：「傻瓜，我剛才想說的是……『**庚琁，妳願意跟我結婚嗎？**』我之所以會說妳可能不喜歡聽，是因為妳不是說男人就該單膝跪地求婚嗎？」

我覺得自己快喘不過氣了。我像傻瓜一樣哭個不停，他又很搞笑地語帶悲傷說：「妳……不回應我的求婚嗎？」於是我停止哭泣，端正坐姿後回答他。
我說：「雖然我有很多缺點，但我會努力成為你的好老婆。」
那個時空是不是被施了魔法呢？

就像王家衛的電影一樣，只有我們兩個變得非常清晰，周圍的一切都有如霓虹燈一般不停旋轉。感覺那一瞬間被靜止成為永恆，也是我有生以來最激動的時刻。

重新投胎一百次，我也會說YES I DO，我願意成為你的妻子。

嗚～我不想聽你說什麼～
不是，她又不知道我想說什麼……
哭什麼啦？

現在我們決定攜手共度終生

邀請函

巴黎的清晨，出門去買剛出爐的麵包
一定要一起出門去學拉梅茲呼吸法
生女兒就培養成聰慧有個性的帥氣女孩
生兒子就培養成有勇氣又溫柔的男子
遲早要一起寫一本屬於我們的書
永遠不忘記對彼此的深刻信任

這些是我們互相約定的小小夢想
爲實現這些夢想，我們將成爲一體
希望各位務必光臨並給予我們祝福

日期 | 2001年3月11日（日）下午1點
地點 | 良才洞外交安保研究院講堂
地圖

Wedding Invitation

其實要不要把喜帖收在這本書裡讓我煩惱很久，因為裡面盡是些與現代價值觀背道而馳的內容。

「瘋狂的派對現場」
「林夫人」
「都已經二十九歲了」
「妳不是說男人就該單膝跪地求婚嗎？」
「拉梅茲呼吸法」
「女士」
「雖然我有很多缺點，但我會努力成為你的好老婆。」

　　嘔。

　　畢竟是二十年前寫的內容，還請大家看在這點的份上多多包涵。覺得丟臉又羞愧但仍要公開，是因為這是無法抹滅的歷史，也是我們的進化。

我仍然受不了這些肉麻的文字，真不知道為什麼當時我們這麼開心，還親手畫了插圖。當時收到喜帖的人，就算暗自在心裡嘲笑我們我也無話可說。

「感覺彼此是自己的命運，不需要花太多時間。」
「我們愛得太深。」
「巴黎的清晨，去買剛出爐的麵包。」
「永遠不忘記對彼此的深刻信仟。」
「重新投胎一百次，我也願意成為你的妻子。」

　　我重複讀了好多次這些內容，很懷疑自己的眼睛。
　　重新投胎一百次……
　　重新投胎一百次……

　　……是瘋了嗎？
　　居然要跟同個男人結一百次婚！
　　抓著他搖一百次還差不多。

28

　我聽說「結婚之後三年內熱情就會消退」是有科學根據的。因為人類的心持續熱情，在精神跟體力上都會難以負荷，為了維持心神穩定，會以常溫的日常代替火燙的熱情。這說法雖然可惜，但並不悲觀。

　浪漫的愛情是這樣的：與心愛的對象一起吃美食、面對面溫柔談話、一起去看好看的電影時會無比開心。不過對對方懷抱火燙熱情時，即使吃著美食、低聲談天、看著電影，其實心裡想的都是要把對方拖到床上。

　剩餘那些讓人感到愜意的娛樂，只是想多少推遲在床上赤身裸體的時刻，讓對方更興奮的「前戲」而已。通常一開始都會假裝沒有要行動，一起做除了睡覺之外的所有事情並觀察氣氛，一旦有點火花就會立刻野火燎原。到了終點之後，便會再次回頭走同樣的路。火燙的熱情再度變成一起享受一些「其他的事」。談戀愛期間，這個過程很有可能導致分手。

而在結婚狀態下要分手，那可就難多了。我們不時會聽人聊起結婚後幾年，女人「看到老公也不會感到心動」的故事。夫妻每天都要看著對方的臉生活，會不再心動或許再自然也不過。「就像我不心動一樣，老公看到我似乎也不會覺得心動」，我溫柔地告訴對方。

　　問題是會對外面的人心動。

　　究竟是誰用「安定」來描述婚姻生活的呢？結婚反而更應該是「不安定」的狀況才對吧。

29

　可能是因為以寫作維生的關係，我總覺得人們有想把自己最私
密的故事告訴我的衝動。

「我想要懷那個人的孩子。」

　許久不見的朋友低著頭喊出這句話。她已經是兩個孩子的媽，
卻與外面的男人陷入一場難以抗拒的命運之戀。為了實現這段愛
情，兩人決心離婚，並將真相完整告知各自的配偶，兩人的配偶則
表示絕對不會離婚。但越是被拒絕，當事人就越渴望做到這件事。

「但我還是很不安，很怕最後無法離婚。感覺我一定要懷孕，我
　們才能夠離婚並真正在一起。」

　人們都說這是不會被原諒的愛情，但這世界上確實有人深陷在
這種見不得光的愛情中。這段感情的當事人對少數「應該能夠理
解自己」的人表白心境，希望這些聽眾能成為這段愛情的見證人。

既然要毫無保留的坦白，那日常生活毫無交集，又沒有住在附近的我，就是她最好的選擇。

「妳以後可以把我的故事寫進小說裡。」

彷彿要甩開沉重壓抑的空氣一般，她換上輕快的嗓音說。接著她努力詳細描述與那個男人的戀愛有多麼迷人、與對方的性愛有多麼讓自己滿足等等。我沒有告訴她，沒有什麼事情比借用他人故事寫小說更讓作家感到厭煩。

之後的故事和我預期的有些不同。男方最後改變心意回歸家庭(已婚者談婚外情，最後大多是以男人回歸家庭收場)，而她說自己雖然難過，老公卻仍努力挽留傷心的她。

「他說他會始終如一地愛我，要我們重新開始……」

下一次再見面時，她說話的聲音仍充滿活力，就像當時她向我坦承那段婚外情時一樣。之前她還炫耀自己正在談一段一生只有一次，讓她願意放棄一切的愛情，現在卻改爲炫耀自己沉浸在一段無論面對任何逆境都不動搖，至死不渝的愛當中。

　　一般來說，遭遇這類事情的人生活若回歸原樣，都會後悔把這麼私密的事告訴別人，還會隱約躲著當時被選爲告解對象的人。從這點來看，我這位朋友眞的是坦率、大膽且厚臉皮。她源源不絕的精力令我望塵莫及，後來我也主動避免跟她聯絡。現在回想起來，當時的我或許是打從心底嫉妒她也說不定。

30

　我會覺得自己當時在嫉妒朋友，不是因為她先生得知真相後，仍沒有放棄她且表明會更愛她(雖然她確實也很有魅力).

　我嫉妒的是她的莽撞，是為了離婚向配偶坦承外遇，為了讓外遇對象屬於自己，甚至願意懷孕的那股熱情。一個有勇氣且自信的人，才能夠做到莽撞。因為他們已經失去太多，已經沒有什麼能夠再失去。讓他們能為了唯一的一個人勇往直前，那股瘋狂的熱情，就是最讓我羨慕的部分。

　當智者思考渡江的方法時，瘋子就已經渡江了。瘋子或許會給身邊的人帶來困擾，但他們自己卻非常幸福，即便未來將要付出很大的代價。

　比起在瘋狂的狀態下狂踩油門衝向巔峰，並在最燦爛的時刻凋零，有些人更偏好「平靜漫長的瘋狂」，例如電影《麥迪遜之橋》裡的芬琪卡(梅莉‧史翠普)。各界對芬琪卡最後為何沒有追隨金若柏(柯林‧伊斯威特)有很多詮釋，原因可能是熟悉且可預測的不幸

(婚姻生活)還是比較好；可能是因為孩子；可能是因為對共度長久歲月的先生還有留戀……不過在我看來，她先生已經有如家中的壁紙，完全無法為生活帶來任何改變。芬琪卡煩惱該如何讓金若柏的愛維持最完美的狀態，最後她選擇拉開物理上的距離，保留那個相愛的瞬間，以細水長流的方式繼續這段愛情。

31

　　從人性的角度來看，我偶爾會覺得我是我老公的最後一個女
人這點相當可惜。一想到他這輩子直到老死，都要一直愛著這個
三十六歲時偶然喜歡上的女人，就覺得實在有點殘忍。

　　他會不會也覺得我很可憐呢？我雖想問問他，卻開不了口。不會
吧？不會的。無論他會不會覺得我很可憐，我偶爾還是會對其他男
性抱持好感。

　　一開始是因為對方跟老公不一樣而喜歡，不過越深入了解就越
容易發現，我其實是因為對方跟老公很像而喜歡對方，反而有種
浪費心力的感覺。

32

　另一方面，有些人認為從外面的人身上感覺到熱情，是種無可避免的痛苦(也是喜悅)，並把這當成維持婚姻生活的「必要之惡」。簡單來說，要從配偶一個人身上獲得所有面向的滿足，在現實上確實有些困難。而夫妻結婚後就要對其他異性澈底不抱任何興趣，在生物學上也不容易。夫妻之間缺乏的部分，可藉由外面的對象來滿足，這樣反而能平息對配偶的不滿，維持平靜安穩的家庭生活(還會有一點因罪惡感而促成的溫柔)。也有些人樂觀地認為，接受配偶有一天可能會喜歡上其他異性並離開這點，往好處想是能讓婚姻生活維持緊張感。婚姻生活蒙上一點其他異性的陰影，可以使這段婚姻更加穩健的說法，想想還真是諷刺。

　在理解這種人類本性的前提下仍做出前衛挑戰，嘗試克服一夫一妻制極限的知名例子，應該就是西蒙波娃(Simone de Beauvoir) 與尚-保羅‧沙特(Jean Paul Sartre) 的契約婚姻。兩人分別以第一名、第二名之姿通過哲學教授資格考試，在這種情況下相遇的兩個人，以下列條件為前提共結連理：

第一，愛著彼此並維繫這段關係，同時也允許和其他人墜入情網。第二，不對彼此說謊、不隱瞞任何事，包括要坦承正在跟其他人談戀愛。第三，經濟各自獨立、分居，一輩子不生小孩也不做家務事。換句話說，這就是要對彼此公開透明、讓彼此享受自由的約定。這段契約婚姻就像韓國租屋時的全租合約一樣，一開始只有兩年，後來一直延續到沙特去世之前，時長超過五十年，最後兩人一起葬在蒙帕納斯公墓，也使他們這段婚姻成為神話。

　　身為追求知識的同伴，他們一同建構出存在主義思想，這段關係對他們的創作活動也無疑帶來許多正面影響。他們幾乎每天見面，閱讀彼此的文章並相互給予建議。西蒙波娃著名的著作《第二性》，也是在沙特不斷的關注與鼓勵下誕生。

　　另一方面，從男女關係來看，他們澈底違反了最初的誓言與原則。西蒙波娃與保羅沙特兩人後來坦承，他們都無法擺脫嫉妒這份情緒。西蒙波娃在自傳中坦白，雖然對外假裝泰然自若，但沙特越是詳細描述他對女性的閱歷，就越讓她感到痛苦。也許是明

白西蒙波娃的感受，沙特後來隱瞞了多洛蕾斯這名女性的存在，違反跟西蒙波娃約定好的「向對方坦承一切」。

　　除了保羅沙特和西蒙波娃這類了不起的名人之外，一般人總會隱瞞自己喜歡上別人的事實。一方面是因爲大多數人並不想破壞原本的婚姻生活，另一方面也是因爲知道獨自保守這個沉重的祕密、承擔這個問題，可以讓自己獲得一些贖罪感。而從另一個角度來看，大多數人都能憑直覺發現配偶的心在別人身上，但感應到這件事跟直接拿出來討論、質問，是截然不同的兩個情況，人都會避免去確認這種不祥的預感。即便眞的開口問對方是不是有別人，但在聽到「其實……對」的回答之後，會有什麼感覺呢？有時無論我們想不想知道眞相，我們都還是會害怕知道眞相。畢竟說出口的話，就無法收回了。況且如果「另一個人」比自己更知性，或在經濟上、身體條件上更好的話，反而會給自己帶來不同等級的傷害。

西蒙波娃在認識尼爾森·艾格林這位比她小一歲的美國作家之後，真正體驗到性的美好，為了跟艾格林一起生活，甚至打算拋棄自己長時間累積的事業成就(沙特)前往美國，這件事或許也傷害到沙特「身為男性的」自我。不過最後西蒙波娃仍為了和沙特之間的知性連結，快速整理掉與艾格林的關係並重新回到沙特身邊。情感與知性無法並存嗎？人如果太聰明，似乎會本能地對澈底投入官能世界感到恐懼。

　　西蒙波娃在與傳記作家的訪談中提到，自己和沙特之間的熱情能維持這麼久，可能是因為他們共享寫作的熱情。在1929年的時空背景下，他們發起契約婚姻這個「不可能的挑戰」，成為全球矚目的知名情侶，他們絕對不想失敗。老實說，在男女關係中的我，更喜歡愛到「失去自我」、讓靈魂粉身碎骨的做法。所以對這種知識份子之間有如企業併購，且有刷存在感嫌疑的同志情懷，實在沒有什麼興趣。雖然偶爾我也會想，要是哪天突然對此產生興趣該怎麼辦就是了。

據說西蒙波娃死後雖長眠在保羅沙特身邊，手上卻仍戴著艾格林給的戒指。這可以明顯看出，她不想失去這兩個男人中的任何一個。

33

　隨著歲月流逝而進化的社會，開始以不同的方式實現「我們現在可以坦率一點」這個潮流。現在有一群人，開始追求不去探究一個人有沒有結婚，在伴侶的同意下能和其他人維持開放式關係，並接受伴侶有其他的戀情，關係中的每個人都尊重彼此，維持不具獨佔性的多角戀愛。這又稱為多重伴侶關係 (Polymory)。

　依據多重伴侶關係的世界觀，一夫一妻制是反人類天性的制度。在他們的世界裡，即使結婚仍可以喜歡別人、跟別人交往，而且可以向對方毫無保留的坦白。隱瞞是一種卑鄙、偽善的行為確實挺有道理，也能讓大腦不那麼複雜。他們相信正因為放任這個世界不管，世界便會逐漸使人類往越來越受拘束的方向發展，所以為了獲得自由，人類應該主動打破世間常規、逆風高飛。我真的很佩服這些人有勇氣挑戰現有制度。

　不過似乎仍有許多人認為，多角戀愛是一件很瘋狂的事。「多角」這個詞本身就帶有偏見，也會勾起人們負面的好奇心。真是奇怪，我反而覺得這些人的想法健全得不得了。他們透過協商或規範信

賴彼此，並致力於相互溝通，努力追求眞實，這不是一種政治正確的模範表現嗎？

　但也因爲這樣，我對這件事一點興趣也沒有。如果說和一個人建立熱情的關係，不只需要身體和心理，更需要動用「規則」、「邏輯」與「理性」，那我可能無法從中獲得任何喜悅，而且我也不想去爭論「事情的對錯」。比起那種澈底去除嫉妒與秘密，好似經過漂白的透明，我選擇觀察人類天生的複雜感情，體驗不安的一對一關係。我認爲所有關係最終都是一對一，絕對不能有這之外的任何人。與其遵循沒有任何陰影的陽光政策，我更想見識人類天生拖在身後的長長影子。

34

據說美國猶他州羅克蘭牧場的巨大洞窟前,有信奉摩門教基本教義派的十多個家庭,過著遠離俗世、自給自足的生活。在摩門教基本教義派的信徒中,只有這群人信奉一夫多妻制。

他們維持一夫多妻的理論如下:孩子生越多越能照顧更多羔羊,也越接近永恆的上帝。所以男人應該盡量納更多女人為妻子,盡可能多生孩子。男人要有多名妻子才會展開一連串的修行,以給所有妻子公平的愛;女人則要藉由分享先生,才能學會靠主的話控制自己的嫉妒心、獨佔慾等煩惱和痛苦。從某個角度來看,他們可能是想透過一夫多妻制,對所有家族成員付出無條件的愛,以期更接近上帝,成為超然的存在。

一夫多妻制的風俗中,最讓我感興趣的是「求愛 (courtship)」制度。「求愛」在摩門教基本教義派中,是男人和一名女人以結婚為前提交往、相互理解的過程,這會持續幾個月,甚至會超過一年(直到女方認為「不管怎麼想,都覺得你不是對的人」)。而在這段期間,兩人完全

不能碰觸對方的身體。這是為了淡化一夫多妻制容易讓人感到放浪形骸的形象，所以刻意避嫌嗎？我想可能是因為他們認為在確定結婚之前，應該承受這種必須守護貞潔(?)的痛苦。不過在看過網飛紀錄片〈一夫三妻〉中那些摩門教基本教義派的「父親」之後，就會覺得這個求愛制度似乎頗值得一試。他們一開始滿臉倦容地討論照顧多名妻子和眾多孩子的生活重擔，但談到將成為新太太的候選人，以及要開始新的求愛過程時，眼神又會恢復閃亮且充滿生機。就像要去市場買牛的農夫一樣。

這部紀錄片的結尾，是與同一名男子結婚的三個女人，開心地到附近旅行。因育兒與打理家務而疲憊不堪的三人，將十多名孩子交給先生獨自照顧幾天便搭車離去。她們哼著歌，前往象徵自由與浪漫的加州海灘。老公不在，她們就像姊妹一樣輕鬆且親密地相處。

雖然這的確是節目刻意安排的旅行，但她們的快樂沒有一絲虛假，讓我也覺得這似乎很不錯。或許她們打從一開始就不需要老公、不需要上帝。一夫多妻制就跟一夫一妻制一樣，還是有很多辛苦的地方。

35

寫這本散文的過程中，我會不時自我檢驗。

怕自己寫得太超過，或是寫出那種太老套的內容。

畢竟跟結婚有關的老套文章，已經多到不需要我動筆了。

36

　孩子出生之後，我們就丟掉新婚時買的加大雙人床墊，改為在房間地板上鋪三套單人尺寸的寢具，讓一家三口可以併排睡在一起。隨著時間流逝，孩子可以單獨睡在自己房裡之後，我又開始煩惱。加大雙人床墊現在感覺有點太小，但特大雙人床墊體積又太大，如果要搬家或是搬動家具，會是很大的負擔。

　我想到一個好方法，那就是買兩張以簡單床架和床墊組成的單人床拼在一起。這樣一個人翻身時，另一個人就不會被影響。不會有一大半棉被在其中一人身上，另一個人因為腳冷到不行而整晚一直醒來的問題，更不會有體重問題造成半邊床墊塌陷，必須把巨大床墊翻面以讓兩邊維持平衡的困擾。

　不過也因為這樣，對方有沒有躺在旁邊時感受到的差異就不是那麼大了。這跟一個人睡在客廳沙發上沒有太大差別，實在有些悲傷。無法感覺身邊有沒有人，但也不會因為對方而被干擾。
　舒適這枚銅板的背面，其實就是孤單。

37

　仔細聽聽已婚者說的話，就會知道他們大多有著在量或質上無法獲得滿足的性生活。所以，這並不是只有此刻閱讀這段文字的你們會有的困擾。

　活到現在，我只遇過三對會炫耀「我們就是如此琴瑟和鳴」的夫妻。

　其中兩對當時介於三十五至四十五歲之間，過著健康且模範的生活，社經地位有一定的水準。當他們以不同於平時說話的語氣，開始談論起自己的事情時（不是我先問的），我認為他們的潛台詞其實是「想不到吧？雖然我從事這麼嚴肅呆板的工作，但其實我是個很有趣的人」。是啊，當然，畢竟眼睛所見的不是全部。我覺得其實世上的每個人，都非常「認真」地做著生命中的每件事。我們只聽夫妻其中一方的發言，也無法知道事情的全貌。

第三對則是拋棄各自的家庭，好不容易才再婚的夫妻。即便身邊的人都批評他們搞外遇、不倫戀，他們仍不惜頂著罵名、傷害原本的家庭和對方結婚。如果都這樣了性生活還不好，那就真的有點委屈了。

38

夫妻的性生活會變得無趣，原因似乎在於「無謂的利他心」。也就是我們常說的「為對方著想」，偏偏這又是現在這個自私、強調個人主義的時代最為推崇的美德。確實，為彼此著想的習慣通常可以帶來好處。不過全世界的夫妻都誤會了一件事，那就是深信「在性生活上」也必須為彼此著想。先問對方的意願、釐清對方的立場、理解對方的心情等善意，都是人在一般情況下會有的期待，但若把這種期待套用在性生活上，那可就會成為災難。

「感覺好像會很累，還是別做了。」
「感覺很不好意思，還是別提說要做比較好。」
「他可能會覺得我很淫亂，還是別嘗試比較好。」
「他都這麼努力了，是不是應該別再讓他射了？」
「他好像不怎麼享受跟我做這件事，還是忍忍吧。」
之類的。

比起自己，更執著於為了滿足對方而該做什麼、不做什麼，或是擔心讓對方失望或受傷而看對方臉色、說謊等心情，我都能充分

理解。這不僅是珍惜對方，更是因為未來還有必須相互磨合的「日常」與「生活」在等著我們。不過這種「過度為對方著想的禮貌」，長期來看會使人對一切妥協，最終放棄一切，進而導致無性婚姻或假高潮。

　　雖然這些都是我的個人見解，不過性不是「給予」，而是「搶奪」。也就是說「只要彼此同意，就能利用對方的身體讓自己的身體獲得快樂」。我們必須有這樣的自私心態和氣勢，才能從性關係中獲得自由與享受。但前提是雙方都必須非常積極，才能享有愉快且創新的關係(一個人是利他心態，另一個人卻很自私的話就會變成剝削)。若用笨拙的貼心與無知自我審查來面對，內心便會在自己真心想要或對方提出要求時受盡折磨。以自己的身體和心情為優先考量，和喜歡的對象盡情翻雲覆雨時，我們的身體會像一次繳清卡費一樣，感到輕盈無比。

39

　雖然前面說了大話，但我確實也曾經因為這類問題和老公徹夜吵過好幾次。

　我們之間完全找不到平衡點，他又不是可以對事情睜隻眼閉隻眼的個性。當他說出內心真正的想法時，我感覺自己像在森林裡迷路一樣悲慘。找不到任何方式反駁，只能一直哭。

　最後我終於說出「離婚」兩個字，他卻冷冷地回：「妳怎麼能怎麼輕易說出這兩個字？不管我們吵得再兇，我都不會說出那兩個字。」我不是隨便提離婚，更不是衝動行事，同時也很慶幸他認為我是「輕易說出這兩個字」。如果他認真了，那平時就很有行動力的我，隔天說不定會快速完成所有離婚準備。從這點來看，他說我是輕易說出這兩個字還真是沒說錯。

　他用疲憊的神情靜靜看著悲傷哭泣的我，然後才痛苦地低聲

說：「如果妳要找其他男人處理那個問題，我也沒關係。」他的聲音小到差一點就聽不見，讓人感到平靜卻淒涼。剛聽到他說這句話時我大受衝擊，接著又真心感嘆，這男人果真不是普通人。

我以為我聽到的那句話，究竟是他實際上真的這麼說了，還是哭鬧爭吵到神智不清的我所編造的妄想？對他來說，那會是跟哭了好幾個小時的女人一起關在同一個房間裡，無論如何必須改變一下氣氛所嘗試的刺激療法嗎？還是想讓我知道他真心覺得這樣也沒關係，但如果真的發生了，也不必特別通知的呼籲呢？

我仍然不知道他是屬於哪一種。

但我隱約知道 ——

夫妻如果因爲性生活而吵架，了結那個問題的唯一方法除了性之外別無其他。當然，那只是暫時「了結」狀況而已，沒有辦法立刻讓兩人和解或解決問題。

　　儘管如此，生氣時性慾就是會跟著暴漲，所以也只能先暫時用這個方法。

40

　新婚時期，經常跟老公面對面抽菸、徹夜爭吵。可能因為我們在大學跟研究所都讀了政治，所以吵架時不是丟東西、大吼大叫或動手打人，而是面對面坐在廚房餐桌邊，反覆挑對方的語病。結束這長達三百分鐘沒有答案的討論（夫妻爭吵通常沒有答案），一旁的煙灰缸會塞滿因為我神經質發作而被不停擠壓的菸頭。後來我們的爭吵次數隨著戒菸而減少，不過與他面對面坐著，用不健康的方式傷害自己的身體，再把充滿尼古丁與疲勞物質的毒重新吐向他這件事，在當時似乎能帶給我些許的快感。

　後來我因為健康狀況變差而戒菸，但還是曾經有幾次像偷腥的貓一樣躲起來偷抽菸。

　一次是暑假去泰國度假，入住昭披耶河畔的半島飯店時。當時強烈的直射光線與極高的溼度讓我們選擇不外出，而是窩在飯店的房間裡。下午兩點左右，我強烈地想抽菸。我適當地找了個藉口，從大廳通往游泳池的出口離開，一眼看見在烈日下空空如也的泳池椅。我不安地坐在泳池椅的邊緣，從口袋裡掏出藏好的

菸盒和打火機。菸點燃的同時，還四處張望擔心老公可能會跟下來。南國的豔陽照在頭頂上讓我有些失神，但偷抽菸的感覺真是好得不得了。後來我回到大廳的洗手間漱口，再到冷氣開得很強的地方讓自己降溫後才回房。

「妳跑去抽菸對吧？」

一看見拿房卡開門的我，靠躺在床上的老公立刻開口問。奇怪，你是怎麼……也就是說，他從飯店房間的窗戶邊，把剛才我偷偷摸摸的樣子看得一清二楚。我驚訝得像被老師逮個正著的學生，但也並不討厭因此挨罵。後來我澈底戒菸，就也沒有什麼不好的習慣能讓他光明正大地要我「別去做」了。

41

　我們外出時總會牽手。在公車或地鐵上如果看到空位，他總會先讓我坐，沉重的行李一定是他拿。一起去看電影時，雖然翹著的腳會一直換來換去，但即使我們的手已經握到出汗，觀影期間還是絕對不會放開。老公在外面對我很包容。雖然很希望我們可以經常一起外出，但因為平日都要上班，週末他很希望能盡量待在家。

　從玉水洞搬到光化門之後，我開始跑步了。我出去跑步時，他偶爾也會跟我一起出去。我通常繞著景福宮外圍跑一大圈，老公跟出來的時候，我一開始會刻意配合他的步伐慢慢走，但開始覺得受不了時，會不得已取得他的同意，然後自己開始向前跑。一路向前跑的我會領先他許多，回過頭便發現他變得跟我的小指一樣小。

　「搞什麼，怎麼還在那麼遠的地方？」

我在心裡碎念，同時轉過身去像溜溜球一樣往老公的方向跑回去。靠近老公時，會再花一點時間配合他的步伐，但很快又會無法按奈跑步的慾望。現在不必我開口說，老公也會用眼神示意我「快跑」，然後我會離開他身邊一段時間，接著回頭確認他的位置，再感嘆「眞是拿你沒辦法」並跑回去找他。短暫一起散步後，我又會丟下他一個人，像噴泉一樣往前衝出去，就這樣不斷循環。在我一個人這樣跑來跑去時，老公只是用自己的步伐慢慢前進。這感覺就像我們婚姻生活的隱喻。

結婚似乎越來越不受歡迎了。

根據2020年統計廳的調查，首爾市所有家庭當中，有三分之一是一人家庭。未婚男女中，22.4%的女性、40.8%的男性認為婚姻是必須的。但在另一項調查當中，30%的女性、18.8%的男性對婚姻抱持負面態度。女性拒絕婚姻的理由大多是「自己一個人生活好像更幸福(25.3%)」和「家父長制、兩性不平等這類文化(24.7%)」；男性則以「從現實情況來看，難以符合結婚的條件(51.1%)」為大宗。在拒絕結婚的理由當中，加入「自己‧個人生活好像更幸福」這個選項，在統計學上來看似乎沒什麼特別之處。只是其中需要特別注意的是，這幾個選項其實也可以綜合解釋成「女性結婚會因家父長制與兩性不平等問題而苦」，以及「男性必須擁有足夠的經濟能力支撐家庭，才能考慮婚姻」。

現在這個時代，如果你問一個人「為什麼不結婚」，那很有可能會被反問「為什麼要結婚」。我試著深入思考這個問題，我當時為

什麼會結婚？其實當時我根本沒考慮過這個問題。我沒有詢問對方是否有足夠的能力組織家庭，也沒有事先擔心婚後必須承受家父長制與兩性不平等的問題，所以也不需要用「雖然擔心這種問題，但靠我們的愛能戰勝一切」這種精神勝利來自我合理化。結婚前所有繁瑣的過程，對我來說都是次要且不感興趣的。我只是想盡早跟心愛的人手牽著手，從頭到腳緊緊相連。這可能會讓我看起來像個浪漫主義者，也可能會有人失望地認為我很「沒想法」。

　　能讓我沒多想就決定結婚的原因，在於那是我正被某人深愛的證明。即便只是瞬間的錯覺、即便未來可能發現這是誤會、即便有人拿一百個合理的理由，要說服我結婚是件不利於我也不合理的事，那即便知道會失敗仍奮不顧身的盲目，讓我擁有這輩子少數能真正享受的幾個珍貴時刻。

　因為一個讓我無法抗拒的理由，我堅持走入麻煩又不合理的婚姻。為了讓婚姻能堅持到今天，我必須想辦法避開好幾個隨之而來的問題。例如我積極逃避「媳婦」這個身分理所當然要面對的某種殘酷現實，同時也不對外說任何婆家的壞話，因為我覺得這很浪費時間。

　由於情況的好壞，似乎是取決於我有多重視這些問題，所以我決定乾脆不去想它們。雖然別人說是「問題」，但我並不想把人生有限的時間和心力，拿去浪費在那些我不認為是問題的事情上。如果感覺有問題，那就去找當事人面對面處理。我不可能在乎世界上的每件事，所以我們必須決定事情的先後順序，並在過程中跟一些事情劃清界線 (有必要的話啦，雖然很不好意思)。

　所以我能在這裡列出一些事蹟，說明我是個多麼任意妄為的媳婦，同時也能細數我扮演好媳婦時有多優秀。不過這種證明有什麼意思呢？無論是說的人還是聽的人，我不想給任何一方「為什麼我做不到」的壓力。換句話說，我盡可能不想費心談論這件事情。

如果眞要挑一點來說，那我想告訴各位，面對婆家的人會尷尬是很正常的事。第一，因爲他們不是我眞正的家人(不過這裡要記住的是，眞正的家人也可能不會讓人很輕鬆)。第二，有一些既有的勢力，很想把這湊巧發生的人際關係，變成垂直且必然的權力關係。我們的生命年輕、短暫又珍貴，實在沒必要在他們編寫的這齣權力大戲中，扮演一個襯托主角的配角。這只是段透過所愛之人建立起的緣分，能和他們彼此相互尊重就好。

　　我生產那天，婆婆用歪七扭八的字寫了一張短短的紙條給我。

親愛的庚琁啊，辛苦妳了。

　　用愛好好奉養這孩子吧。

　　讀完她寫的內容，我覺得「奉養」這個字真的好美。不是要求子
女奉養父母，而是要父母謙遜地奉養孩子，我覺得這似乎才是對
的。我覺得這是她親身體驗後，最真心的建議。

44

　我在2015年出版了一本名叫《關於態度的》散文，這本書後來在2018年發行改版。該書的內容以三年爲間隔，談論夫妻之間的家事分擔。2018年改版至今又過了三年，我想更新一下現況。

　根據2015年第一版中的「現實生活的平等」，當時老公會聽我的指示，但在家事上沒有主導權也不會主動去做。他提供最好的「協助」，就是在我覺得很累時，他會事不關己地要我「別做了」，但這不是他要做的意思。例如剛結婚那段時間，他如果想吃水果，就會溫柔地問「我們家有水果嗎」，意思是要我去切水果。但一段時間之後，他開始會主動告訴我「吃完飯後我會洗碗，妳放著吧」。順帶一提，他在結婚之前從來沒做過家事。

　根據2018年改版中的「現實生活的平等，在那之後」，老公不再會問家裡有沒有水果，而是會在我先開口問「要不要吃水果」時，機智地回說「如果妳要吃的話那我也吃一點，如果要特地爲了我切水果那就不必了」。還有下班時他總會傳簡訊問我「要買什麼

（晚餐吃）？」這是他的貼心，一方面也是拐個彎問「家裡有飯吃嗎？」

2021年的現在狀況如下：

我不開口他也會去做的事情大幅增加了。碗盤清洗他會在每天早上出門前完成，累積的回收垃圾也會主動拿去丟。他會做所有的麵類料理。週末我睡得比較晚，他會洗米煮飯或負責照顧孩子吃飯。現在也學會以前拚命抗拒的洗衣機用法了。冰箱裡放太久的食材，他會主動清掉，偶爾也會清潔地板，而且做完一定會跟我說他有做。一開始還以為他是想爭什麼面子，結果他說是怕我不知道已經掃過，又花時間打掃一次，所以才主動跟我說。

以前下班他會問「要買什麼」，現在則是問「晚餐要不要在樓下買（我們住在住商混合大樓）」，我通常會回「你直接上來吧」。我雖然不太會做菜，但包括我在內的家人，都還是覺得剛煮好的白飯最美味。家裡通常是我在網路購物，不過如果要去超市採購的話，我們就會一起去。廁所則是各自洗好澡後適當清理。

這些都是每天日常生活要做的事，我們會盡量順手完成，在面對家事上我覺得這樣的態度也不會不好。在去計較誰要做什麼、做多少之前，先減輕家事的負擔也是不錯的選擇。尤其家事不是一件會讓人很享受的事，能用洗碗機、掃地機器人、小菜外送、蒸汽熨斗的部分就盡量使用，這樣就能減輕家事帶來的負擔。

　　等到大家都習慣分擔一部份的家事後，去計較或在乎誰做的比較多，就顯得沒什麼意義了。即使所謂的平衡，是負擔的比重像翹翹板一樣忽多忽少，我們也會處在不覺得那是一種負擔的狀態。大家都很自然地負責一些事情，像我在沙發邊掃他的腳皮、他負責清理廁所的垃圾，一邊把我用過的衛生棉撿出來整理好另外丟。

　　不過老實說，我還是沒辦法不去想，老公之所以能夠擔家事到這個程度，可能是因為我在結婚後仍一直有賺錢的關係。其實我們的帳戶一直是各自分開管理，但他仍然會在每個月初匯生活費給我。不知為何就變成這樣了。其實他匯來的金額，無法完全負擔

所有的生活費，但他仍會在每個月初的某一天，將部份月薪匯給我，並傳簡訊告知「這個月生活費匯了」。

「設定每個月自動轉帳應該會比較輕鬆。」

雖然聽在別人耳裡，會覺得這個建議很合裡，但我覺得老公似乎很需要這個匯錢給老婆的行爲。

45

　他好像就是直覺知道，我是個一不如意就可能會離開他的人。因為他已經好幾次目擊我用這種方式處理人際關係。

　雖然我很有耐心，但也有個人原則。我只會給對方三次機會，下一次對方再讓我生氣，我會瞬間像變壓器被關掉一樣，忽視對方的一切，不再對對方有任何反應。因為我比任何人都清楚自己的個性，所以在數完三次後，我會在心裡暗自祈禱，希望對方別喚醒我心中的惡魔。不過寫作的過程中我發現，自己似乎真的不是什麼有耐心的人。

46

　我似乎不是會在經濟上、心理上依賴他人的個性，可能以後也會是這樣。我也不曾想過當個好好在背後幫助有能老公的賢內助，我自己有能力比較重要。回頭想想，我不太會依賴別人，一直覺得依賴別人就輸了，所以始終是個會自己想辦法的孩子。也覺得即使結婚後有了另一半，因為不知道未來會怎麼樣，所以還是應該能夠靠自己的力量活下去。這也包括覺得伴侶不是對的人時，會選擇讓自己從婚姻中自由。如果我能靠自己處理所有事，那就不會依賴一般人口中擔任「家長」角色的老公。就像我希望他別期待我是個典型的「太太」一樣，我也不會期待他是個典型的「先生」。這個社會任意規定的理想角色，會使人變得不信任自己，而我不想這樣。

　雖然上面這段文章是我寫的，但有時候我也搞不太清楚。
　雖然這些話都沒有錯，也確實是些好話。
　不過……

人生讓我發現，那些不會依賴別人的人，其實都非常寂寞孤單，而且還會讓自己身邊的人也變得寂寞孤單。我發現即使不扮演老公與老婆這樣的角色，能把身心交給身邊最親近、留在自己身邊的人，其實象徵一種複雜的依戀。應該是這樣，神才會讓我這種生活枯燥又獨立的人，有幾次住院的機會。

　　可能是因為沒生過病吧，他對照顧病人這件事很陌生。比起幫忙，有時候更惹人厭。不過在我接受七次全身麻醉手術的那段期間，塊頭跟熊一樣大的他，總是擠在那小小的陪病床上休息。呆望著他的背影，我會短暫將一切交給他。兩個人偶爾換個位置躺一下，其實也很不錯。

47

剛過三十歲的那段時間，我經常開車。

到了年底，老公的晚餐邀約變多，也因此經常晚歸。公司在光化門市中心的他，在某個下著大雪日子去參加一場酒聚，然後在凌晨一點散會時打給我。

「怎麼叫都叫不到計程車！我要冷死了！」

他就像災難電影的主角一樣，在電話那頭聲嘶力竭地大吼，只是聽起來非常口齒不清。

那時還沒有類似現在的叫車APP，是一定要在路邊攔車的原始時期。我睡得正熟，在半夜接到這種電話實在有些不耐煩，但也不能不出去接他。我踢開溫暖的棉被，穿好衣服把自己包緊，拿起車鑰匙頂著刺骨寒風出門。我們住的公寓比較老，只有戶外停車場，需要花一點時間等車子的暖氣啟動。我一邊發抖一邊聽FM電台，等到車裡變得比較溫暖之後，我就變身深夜裡的粗暴駕駛。

我穿越漆黑的南山一號隧道，不到十五分鐘便靠近人跡罕至的光化門。

到他說的地點一看，發現有一群醉到身體癱軟無力的韓國中年男子，像僵屍一樣搖搖晃晃在附近徘徊。他們拚命想搶先對方攔到計程車，進而占領半條馬路，努力伸長了手隨意亂揮。那畫面看起來真的可怕又危險。他到底在哪裡啊？我都忍不住罵了髒話。幸好他有顆很好認的大頭，才讓我很快找到他。掛上雪鍊的車輪，緩緩滑到我負責的那隻殭屍前面停下。我打開副駕駛座的門命令：

「上車！」

我駕駛這台順利載到老公的小廂型車，在空蕩蕩的四線道馬路上違法迴轉，接著大力踩下油門。老公透過窗戶看著那些還沒被主人回收，仍在寒風中發抖的殭屍，像個小孩一樣開心。老婆竟然能在大半夜來接自己，這點似乎讓他很得意。雖然整路我都在

對助手席上早已放鬆心情的他碎碎唸，不過我其實也不討厭這樣就是了。因爲這代表他澈底依賴我，而我是他的救星。

48

　　已婚者最讓未婚者感到無言的地方，就是「明明已經結婚了，卻還要對身邊的單身人士說『千萬別結婚』」。看諾亞·波拜克導演的《婚姻故事》(Marriage Story) 和山姆·曼德斯導演的《真愛旅程》(Revolutionary Road)，應該就能隱約明白為什麼。之所以說隱約，是因為在結婚之前，很難「真正」明白那是什麼意思。即便覺得自己「清楚知道」，但真要用言語表達，卻會讓每一個已婚者覺得非常困難。結婚真的是複雜的幸福，也是複雜的不幸。

　　《婚姻故事》中的妮可和查理曾經(某種意義上這份愛仍然持續) 愛得轟轟烈烈，最終決定步入婚姻。當離婚律師要他們解釋事情如何走到這個地步(離婚)時，太太妮可說：

　　「很難明確說出原因，直接說愛已冷卻比較簡單。」

　　愛雖然沒有冷卻，也覺得自己會一輩子愛對方，但在結婚的狀態下，越愛對方、越為對方著想，就越會覺得失去自我。最親近的

人會讓自己感到挫折與自卑，也因為對方太了解你，所以很清楚怎麼做能深深讓你受傷。天堂與地獄就在這一線之間。

電影最後，先生查理在紐約的一間爵士酒吧裡唱道：

將你緊緊擁入懷中

Someone to hold you too close

又深深傷害你

Someone to hurt you too deep

搶走你的位置妨礙酣眠

Someone to sit in your chair to ruin your sleep

卻不能沒有你

Someone to need you too much

真是令我混亂

Make me confused

他對你知之甚深

Someone to know you too well

帶你克服所有困難

Someone to make you come through

也讓你深受打擊宛如置身地獄

Someone to pull you up short to put you through hell

- 節錄自史蒂芬‧桑坦 (Stephen Sondheim) ‹Being Alive›

　　《真愛旅程》裡的愛波與法蘭克是一對人人稱羨的夫妻，他們住在表面看似平靜的住宅區，過著空虛且沒有希望的人生。一天，他們開始尋找跳脫倦怠人生的方法，並決定執行那些方法，以再度踏上尋找幸福的旅程。但快樂只是一時的。兩人在過程中得知，彼此對「擁有了什麼、需要什麼、不需要什麼」的定義大不相同，關係中的小小裂痕，讓潛藏的問題一一浮上水面。關係澈底崩壞之後，愛波終於意識到現實讓她「無法離開卻也無法停留」，她甚至

覺得乾脆澈底瘋掉還比較好。

　　一個女人跟一個男人，分別擁有各自的心和身體，也因此「一心同體」是無法觸及的理想。當兩顆心跟兩個身體待在同個屋簷下每天相處，便會頻繁地有一方忍讓、忽視或說謊。無論是怎樣的愛情，都是因為愛或因為覺得對方珍貴，於是為了守護這一切，而決定讓自己「習慣」某種形式的不幸。

　　身為整理狂人的我，實在很想把這兩部電影裡提到的幾個人生觀與婚姻觀整理起來，但看完之後卻有好一陣子都不知道該從何下筆。

　　經過一段時間之後，我才決定寫這本書。

49

　完稿之初，我把初稿拿給老公讀，因為裡面寫了跟他有關的事，拿給他讀是必經的過程。說不緊張是騙人的。讀完初稿後，他發表感想如下：

「我看完了，但我很好奇，真的會有人想花錢買這個嗎？」

　他意外的感想讓我目瞪口呆。

「當然這不是能提供什麼『幫助』的書，裡面沒有什麼教誨或參考。因為是我們兩個人的故事，所以我也故意不提孩子。我自己也不喜歡那種說教的口氣，所以刻意沒這麼寫。」

　我回歸「作者」而非「妻子」模式，仔細為自己的書稿辯解。不，應該是說為自己辯護。老公聽完我說的話之後，忍不住笑了出來。

「哎呀，這是當然的吧？我們這種夫妻，是能給人家什麼教誨還
　是參考？」

真是明白人。
老公的話很合理、想法很健全。
想讓一對夫妻的婚姻生活成為其他夫妻的典範，那可真是傲慢
又偽善。

不過我還是想分享一下，在寫這本小書的過程中獲得了一點小
小領悟。我了解到適度逃避人生中的「重要問題」，其實是人類的
智慧。這句話是什麼意思呢？就是說如果現在嘗試花費太多力氣
認真釐清何謂婚姻、何謂夫妻、何謂幸福，或想毫無保留地探討
「是否百分百真心、真誠面對彼此」，並想立即得出一個結論的話，
那我們大部分的人應該都會失敗。這些問題的終點，都跟「那我為
什麼要活著」一樣是條死巷子，我們討論到最後只能從原路折返，
同時還必須虛心接受這個沒有結果的嘗試不算失敗。

開始認真思考某些事情的正當性或絕對性之後，我們很快會感到疲憊，會感覺腦袋充血並引發偏頭痛。這時穿上運動鞋到外面散散步，或是買個美味司康來吃才是最聰明的做法。等時機成熟，我們會自然隱約明白何謂夫妻、何謂婚姻、何謂幸福。即使不特別思考，另一邊也會在偶然的機會下，讓我們明白這些事。對方說不定還會拍拍你的肩，一派輕鬆地反問「你到現在才懂嗎？」

　　有些人會說，有些事要堅持到最後，才能看見所謂的真心或真誠。所以如果你相信這種話，而且想了解何謂真心或真誠，那當然就只能走到最後。

50

　我想，老公跟我在同日同時死去的可能性很低，這也代表他跟我兩人之中，總會有一個人先離開這個世界。剩下的那個人度過餘生期間，腦海中會不斷閃現跟提早離開的人一起看過的眾多風景。那些風景的畫面會很模糊、順序十分混雜，細節甚至會遭到扭曲。但即便如此，那種「和我一起看過許多相同風景」的真實感受，不是一種錯覺，而是一種確實存在的真實感受。

　如果他先離開，那麼他生前擁有的大量書籍與唱片，將會取代他的存在。不知道情況的人，總會以為我們家中滿是書本的擺設很有品味，但其實我一直虎視眈眈地想把這些書都清掉。不過等到我真能隨心所欲清掉這些東西時，彆扭的我應該又會無法動手吧。所以我得跟《20世紀少年完全版》、《韓國流行樂考古學1960》、《黑暗騎士的一切：蝙蝠俠80周年紀念藝術集》、《Mind Over Matter: The Image of Pink Floyd》、《足球的世界史：球是圓的》、《司馬遼太郎小說全集完全導覽》等書共度餘生。

等到了夏天，我會每個星期都獨自去吃一次平壤冷麵。

「阿姨，麻煩再給我一點冷湯。」

　　如果我在店裡像幻聽一樣聽見他的聲音，我應該會在心裡告訴自己，現在由我代替他，盡情享用他生前最愛的食物。在我用牙齒慢慢咬斷麵體時，說不定又會聽見他的聲音。

　　庚琔啊。
　　老婆。
　　林庚琔女士。

　　至於如果是我先離開這個世界，老公應該會終於開始讀我寫的每一本書。某些段落讓他感到陌生、某些段落讓他感受到對妻子遲來的理解，而就在這段期間，我養的植物應該也會在一個月內全部死光。

他可是個一開始就說不想結婚，也不打算再結第二次婚的人。他不是個信口開河的人，我想應該眞的會獨自終老吧。

　　「如果你改變想法了，記得先跟我說。」

　　我用堅定且果決的態度告訴他。因爲我想我應該會留下一封交接信，讓之後的那一位能夠過得更舒服自在一些。

　　對了，朋友不怎麼多的我如果變回　個人，心理狀態說不定會變得孤單又脆弱，雖然外表看不太出來。

　　所以也有可能在晚年又談一段戀愛，然後再結一次婚。

　　也許對象是你認識的人也說不定。

平凡的結婚生活

作　　者／林庚璇
主　　編／蔡月薰
企　　劃／蔡雨庭
翻　　譯／陳品芳
封面設計／楊雅屏
內頁編排／郭子伶

第五編輯部總監／梁芳春
董事長／趙政岷
出版者／時報文化出版企業股份有限公司
108019 台北市和平西路三段 240 號 7 樓
發行專線／(02)2306-6842
讀者服務專線／0800-231-705、(02)2304-7103
讀者服務傳真／(02)2304-6858
郵撥／1934-4724 時報文化出版公司
信箱／10899 台北華江橋郵局第 99 信箱
時報悅讀網／www.readingtimes.com.tw
電子郵件信箱／books@readingtimes.com.tw
法律顧問／理律法律事務所 陳長文律師、李念祖律師
印　　刷／勁達印刷有限公司
初版一刷／2023 年 4 月 21 日
定　　價／新台幣 320 元

時報文化出版公司成立於一九七五年，並於一九九九年股票上櫃公開發行，
於二〇〇八年脫離中時集團非屬旺中，以「尊重智慧與創意的文化事業」為信念。

平凡的結婚生活／林庚璇作；陳品芳翻譯. -- 初版. --
臺北市：時報文化出版企業股份有限公司, 2023.04
　　面；　公分
ISBN 978-626-353-534-3(平裝)

1.CST: 婚姻 2.CST: 通俗作品

544.3　　　　　　　　　　　　　　112001451